Ivo Ribeiro de Sá
Kathya Maria Ayres de Godoy

OFICINAS DE DANÇA E EXPRESSÃO CORPORAL

para o Ensino Fundamental

1ª edição
2ª reimpressão

© 2009 by Ivo Ribeiro de Sá
Kathya Maria Ayres de Godoy

© Direitos de publicação
CORTEZ EDITORA
Rua Monte Alegre, 1074 – Perdizes
05014-000 – São Paulo – SP
Tel.: (11) 3864-0111 Fax: (11) 3864-4290
cortez@cortezeditora.com.br
www.cortezeditora.com.br

Direção
José Xavier Cortez

Editor
Amir Piedade

Preparação
Roksyvan Paiva

Revisão
Auricélia Lima Souza
Oneide M. M. Espinosa
Rodrigo da Silva Lima

Edição de arte
Mauricio Rindeika Seolin

Ilustrações
Claudia Cascarelli

Foto da capa
José da Silva Romero

Dados Internacionais de Catalogação na Publicação (CIP)
(Câmara Brasileira do Livro, SP, Brasil)

Sá, Ivo Ribeiro de
  Oficinas de dança e expressão corporal para o Ensino
Fundamental / Ivo Ribeiro de Sá, Kathya Maria Ayres de Godoy.
– São Paulo: Cortez, 2009. – (Oficinas aprender fazendo)

  ISBN 978-85-249-1519-2

  1. Dança (Ensino fundamental) 2. Educação pelo movimento 3. Movimento (Psicologia) I. Godoy, Kathya Maria Ayres de.
II. Título. III. Série.

09-06291   CDD-372.06

Índices para catálogo sistemático:

1. Dança e educação em movimento: Ensino Fundamental 372.06

Impresso na Índia — janeiro de 2015

A Amir Piedade
que com delicadeza e generosidade nos incentivou
a mais essa conquista.

Muito obrigado!

Introdução

A criança entra em contato com o mundo por meio de suas sensibilidades. Isso faz com que ela se manifeste e procure uma forma de comunicação com o mundo. Nesse processo, estabelece o contato pelas diversas formas de linguagem. A primeira delas, e que nos acompanha pela vida toda, é a linguagem corporal, que como toda linguagem, é constituída por uma série de códigos simbólicos.

A criança, ao dominar esse universo simbólico, desenvolve um repertório de movimentos corporais (gestuais). Isso lhe permite uma maior possibilidade de expressar suas tristezas, alegrias, angústias, satisfações e tantos outros sentimentos possíveis de se nomear, mas, indo além disso, este desenvolvimento permite expressar o intangível, ou seja, aquilo que não se nomeia, mas que colabora sobremaneira em nossa expressão.

A dança faz parte desse universo expressivo, possibilitando o contato com uma forma de apreciação estética que envolve o corpo em movimento. Ao dançar, a criança se expressa criativamente, e isto amplia suas possibilidades de interação com o mundo. Dançar, então pode significar uma maneira prazerosa de conhecer o corpo e comunicar-se por meio dele.

Sendo assim, este livro propõe algumas atividades corporais que podem contribuir com os professores do ensino fundamental quando utilizam a linguagem da dança e a expressão corporal como um dos conteúdos em seu trabalho educacional.

Para tanto, subdividimos o livro em três temas, que por sua vez se desdobram em conceitos que foram selecionados das pesquisas acadêmicas e vivências dos autores. Tais conceitos têm como suporte teórico os estudos de Rudolf Laban, Henri Wallon e documentos como os PCNs de Artes.

1. CONSCIÊNCIA CORPORAL:

- O corpo;
- Compreensão do esqueleto e das articulações;
- Percepção das partes que compõem o corpo;
- Imagem corporal;
- O domínio dos movimentos na expressão corporal;
- Memória motora;
- Autoexpressão criativa;
- Atenção e concentração.

Atividade 1
Marionete

Esta atividade auxilia:
- no reconhecimento das articulações do corpo;
- na percepção da imagem corporal.

Você vai precisar de:
- elástico ou barbante.

Procedimento:
- o professor orienta os alunos a formarem duplas e distribui entre as duplas os fios de elástico ou barbante;
- um aluno da dupla amarra as articulações (punhos, cotovelos, joelhos e tornozelos) do seu colega deixando os fios soltos;
- o aluno que amarrou as articulações manipula os fios a fim de conduzir os movimentos do seu colega como se fosse uma marionete;
- essa atividade deve ser repetida invertendo-se as marionetes.

Variação:
- essa atividade pode ser feita com "fios imaginários".

Esclarecimentos:
- essa atividade favorece a percepção do corpo e um maior controle dos movimentos articulares por meio da experimentação lúdica.

Atividade 2
Comandante e comandado

Esta atividade auxilia:
- na percepção das partes do corpo;
- na expressão corporal.

Você vai precisar de:
- aparelho de som e CDs.

Procedimento:
- o professor orienta os alunos a formarem duplas;
- estabelece que um aluno será o comandante e o outro, o comandado;
- o comandante movimentará uma parte de seu corpo e o comandado deverá acompanhar esses movimentos com o olhar;
- posteriormente o professor deve orientar a troca entre o comandante e o comandado;
- para tornar a atividade mais prazerosa, o professor pode usar uma música suave.

Variação:
- o comandado poderá seguir o comandante com movimentos de partes de seu corpo.

Esclarecimentos:
- essa atividade favorece a percepção do corpo e um maior controle dos movimentos, além da expressão corporal. Ela pode ser feita com os pés descalços ou não.

Atividade 3
Espelho

Esta atividade auxilia:
- no desenvolvimento das noções de simetria e assimetria nos movimentos corporais;
- no domínio dos movimentos na expressão corporal.

Você vai precisar de:
- aparelho de som e CDs.

Procedimento:
- o professor orienta os alunos a formarem duplas dispostas um à frente do outro;
- um dos alunos deve realizar com todas as partes do corpo movimentos aleatórios, que o outro procurará acompanhar, imitando seu colega;
- ao longo da atividade devem ocorrer trocas entre quem é o espelho e quem é o iniciador do movimento;
- para tornar a atividade mais prazerosa, o professor pode usar uma música com ritmo marcado.

Esclarecimentos:
- para que o aluno compreenda o que são movimentos simétricos e assimétricos, o professor pode usar a imagem do limpador de para-brisa do carro.

Atividade 4
Andando na lua

Esta atividade auxilia:
- na percepção do corpo;
- na autoexpressão criativa.

Você vai precisar de:
- aparelho de som e CDs.

Procedimento:
- o professor orienta os alunos a ocuparem livremente o espaço da sala de aula;
- ele pede aos alunos que caminhem usando diferentes partes do pé como apoio, ou seja, ponta dos pés, calcanhares, borda interna e externa;
- após essa experimentação, o professor estimula os alunos a usarem a imaginação, sugerindo que eles pisem em diferentes superfícies (por exemplo: pisando em ovos, na lua, no barro, na areia do mar, etc.);
- essa mesma atividade deve ser repetida ampliando a percepção do corpo, de maneira que o aluno na execução dos movimentos modifique a forma do corpo (modelando seu corpo de acordo com a sensação de pisar nas superfícies);
- para aguçar os sentidos, o professor pode usar diferentes músicas, procurando adequá-las à expressão corporal dos alunos.

Esclarecimentos:
- nessa atividade a imaginação é usada como estimuladora da autoexpressão criativa dos alunos. Ela pode ser feita preferencialmente com os pés descalços.

Atividade 5
Canto e movimento

Esta atividade auxilia:
- na autoexpressão criativa.

Você vai precisar de:
- lembrar-se de músicas marcantes.

Procedimento:
- o professor orienta os alunos a ocuparem livremente o espaço da sala de aula;
- ele pede aos alunos que caminhem relembrando alguma música;
- depois ele pede aos alunos que cantem baixinho essa música, procurando observar a sonoridade e quais movimentos ela sugere;
- após essa experimentação, o professor estimula os alunos a usarem a imaginação, estimulando-os a acrescentarem novos movimentos enquanto cantam.

Variação:
- o professor pode pedir aos alunos que formem um círculo e cada um apresenta sua "coreografia" aos outros.

Esclarecimentos:
- nessa atividade a imaginação é usada como estimuladora da autoexpressão criativa dos alunos. Ela pode ser feita preferencialmente com os pés descalços.

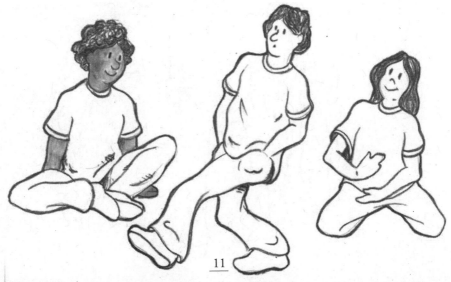

Atividade 6
Tapa nas costas

Esta atividade auxilia:
- no desenvolvimento da atenção e da concentração;
- no desenvolvimento da memória e na integração do grupo.

Procedimento:
- o professor orienta os alunos a ficarem de pé, parados e em círculo. Os alunos devem ficar bem próximos a ponto de tocar nas costas do colega ao lado (direito e esquerdo);
- o professor pede a um aluno que "bata" nas costas do colega que está ao lado. O aluno que recebeu o toque deve falar alto o nome de um colega que está na roda;
- o colega cujo nome foi dito deve "bater" nas costas de quem estiver a seu lado (direito ou esquerdo), sem falar o nome – somente deve tocá-lo;
- o colega que recebeu o toque deve falar alto o nome de alguém que esteja na roda, o qual, por sua vez, tocará as costas do colega que estiver ao seu lado (direito ou esquerdo); e assim sucessivamente.

Esclarecimentos:
- é preciso atenção, porque, nessa atividade, geralmente quem "bate" nas costas acaba confundindo-se e falando o nome do colega, e isso não deve acontecer. Quem "bate, só bate"; quem recebe o toque é que vai chamar o colega!

Atividade 7
Remelexo

Esta atividade auxilia:
- na consciência corporal;
- no envolvimento das partes do corpo;
- nos movimentos posturais e gestuais;
- nos deslocamentos no espaço;
- no acompanhamento do tempo musical;
- nas combinações de movimentos;
- na autoexpressão criativa.

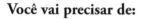

Você vai precisar de:
- aparelho de som e alguns CDs.

Procedimento:
- o professor pede que os alunos caminhem pelo espaço seguindo o ritmo de uma música (previamente iniciada). Ele então solicita que a caminhada seja feita com a perna direita à frente; depois, com a perna esquerda à frente. A mesma coisa deve ser feita com relação às laterais;
- em seguida, ele solicita que os alunos acrescentem movimentos com os braços para frente, para trás, para cima e para as laterais;
- que acrescentem os movimentos dos quadris, para frente e para as laterais;
- realizem combinações entre pernas, braços e quadris.

Variação:
- essa atividade pode ser proposta em duplas, trios, quartetos, etc.

Esclarecimentos:
- essa atividade envolve temas e trabalha com muitos conteúdos. As possibilidades são diversas e permitem ao professor explorar o conceito que mais se aproxima de seu planejamento.

2. Os fatores do movimento (peso, espaço, tempo e fluência)

2.1 Peso:
- Reconhecimento do tônus;
- O uso das alavancas do corpo;
- Níveis de envolvimento corporal;
- Movimentos gestuais;
- Movimentos posturais.

Atividade 8
Os animais

Esta atividade auxilia:

• na compreensão do uso das articulações e do peso corporal;
• na percepção do tônus.

Você vai precisar de:

• um aparelho de som e alguns CDs.

Procedimento:

• o professor orienta os alunos a ocuparem livremente o espaço da sala de aula;
• ele pede aos alunos que se deitem no chão (como uma estrela-do-mar com os braços e pernas abertos) e fechem os olhos;
• depois ele pede aos alunos que escutem o som (que pode ser de ondas ou de cachoeira) e que iniciem um movimento de rolamento lateral (como um cilindro), o corpo todo deve estar relaxado. Seria interessante a repetição desse movimento com os olhos abertos;
• após essa experimentação, o professor pede aos alunos que se arrastem pelo solo como uma cobra e, em seguida, como um soldado na trincheira. Nessa experimentação, o professor pode usar estímulos sonoros de percussão, pois eles ajudam na compreensão desse movimento;
• em seguida, a sugestão é engatinhar. Inicialmente como um bebê e depois como um felino, como uma pantera, um leopardo, etc. A ideia é favorecer movimentos sinuosos que usem as articulações. O estímulo musical pode ser de músicas orientais;
• na sequência, o professor pede aos alunos que procurem se deslocar usando quatro apoios, pernas e mãos, como um macaco. A sugestão é uma música étnica, bem marcada, pois é estimuladora de movimentos mais rítmicos. Os alunos precisarão de um maior controle do peso corporal nessa movimentação pelo espaço;
• finalmente o professor solicita aos alunos que andem pela sala livremente, com o tronco ereto e os braços soltos. Não é necessário qualquer som. Nesse momento ele pede aos alunos que observem o percurso que fizeram até chegar à posição em pé. E pergunta-lhes: O que aconteceu?

Esclarecimentos:

• nessa atividade a imaginação é usada como estimuladora da percepção do peso com especial atenção para o *tônus* corporal. O tônus, nesse caso, significa 'o uso de tensão necessária para o movimento do corpo'. A atividade pode ser feita preferencialmente com os pés descalços.

Atividade 9
O caranguejo

Esta atividade auxilia:
- na percepção do peso;
- no reconhecimento do tônus e no uso das alavancas corporais.

Você vai precisar de:
- um aparelho de som e alguns CDs.

Procedimento:
- inicialmente os alunos devem estar em duplas, sentados, um de costas para o outro, com os joelhos flexionados e pés apoiados no chão;
- o professor solicita que fiquem em pé usando somente a extensão das pernas, sem que encostem as mãos no chão e, depois, que se sentem novamente flexionando os joelhos. O peso do corpo deve, constantemente, ficar apoiado nas costas do colega;
- usando a mesma dinâmica, devem ficar em pé novamente e realizar deslocamentos para frente, para trás e para os lados.

Variação:
- realizar a mesma atividade com estímulo musical (música oriental árabe), procurando seguir seu ritmo;
- essa experimentação pode ser feita em trios ou com maior número de pessoas.

Esclarecimentos:
- essa atividade possibilita aos alunos reconhecer o peso corporal do seu colega, à medida que percebem também o uso das alavancas corporais e seu próprio peso.

Atividade 10
Gangorra

Esta atividade auxilia:
- na percepção do peso;
- no equilíbrio instável e estável.

Você vai precisar de:
- espaço adequado (quadra).

Procedimento:
- os alunos são distribuídos em pé, em duplas, frente a frente, joelhos flexionados e de mãos dadas;
- os alunos devem procurar ficar em pé projetando seu peso para trás, equilibrando-o com o peso do colega. As pontas dos pés devem estar unidas às do colega. O controle do peso deve ser dado pelo movimento de flexão e extensão dos braços;
- o professor solicita aos alunos que soltem uma das mãos e mantenham a distribuição do peso de forma que a posição de equilíbrio do corpo seja mantida e realizem tanto para o lado direito quanto para o lado esquerdo;
- solicita que realizem o mesmo procedimento, mas com o apoio de um dos pés no chão, permanecendo a outra perna em elevação (lateral, frontal ou para trás).

Variação:
- essa atividade pode ser realizada formando um círculo com três ou mais alunos.

Esclarecimentos:
- essa atividade permite a compreensão do peso corporal aliado ao equilíbrio estável (quando não há movimento do corpo) e instável (na existência de movimento corporal).

Atividade 11
Regente

Esta atividade auxilia:
- no reconhecimento do tônus;
- no uso das alavancas do corpo;
- na percepção dos níveis de envolvimento corporal;
- nos movimentos gestuais;
- nos movimentos posturais;
- no estímulo da criatividade;
- na preservação da atenção.

Você vai precisar de:
- aparelho de som e alguns CDs.

Procedimento:
- o professor distribui os alunos em grupos com três ou quatro integrantes. Um dos alunos será o regente. Este deverá se colocar à frente do grupo e comandá-lo com as mãos. Se o regente elevar os braços, todos os alunos deverão ficar de pé; se o regente abaixar os braços, todos deverão abaixar-se; se o regente indicar o lado esquerdo, os alunos deverão inclinar-se para o lado;
- o regente pode usar sua criatividade para indicar os movimentos a serem realizados, contanto que não use a voz para comandar;
- após alguns minutos o regente deve ser substituído.

Esclarecimentos:
- o professor pode sugerir ao aluno regente que procure posições diversas para "reger" os seus colegas, ou seja, que explore o uso das articulações do corpo para chegar a essas posições;
- é importante que o regente obedeça ao ritmo de uma música para que os alunos também possam exercitar a noção rítmica.

2.2 Espaço:

- Reconhecimento da cinesfera espacial – o espaço que o corpo ocupa;
- Níveis, planos e direções;
- Formas básicas de locomoção – andar, correr, saltitar e saltar.

Atividade 12
Deixa que eu empurro

Esta atividade auxilia:
- na exploração do espaço por meio dos níveis baixo, médio e alto;
- na contração e descontração do tônus muscular;
- na percepção do peso.

Você vai precisar de:
- um aparelho de som e alguns CDs.

Procedimento:
- dispor os alunos em duplas.
- iniciar a atividade com um dos alunos deitado no solo em decúbito ventral e o outro sentado ou ajoelhado ao seu lado;
- o aluno que está sentado deve exercer pressão com as mãos em alguma parte do corpo do aluno que está deitado; este, ao se sentir tocado, deve realizar força contrária à pressão exercida;
- o apoio das mãos deve ser mudado quando perceberem que a resistência foi vencida;
- decorridos alguns minutos da execução da atividade, além de realizar força no sentido contrário à pressão, o aluno que está deitado deve passar à posição sentada. Tal mudança de posição deve ocorrer sem que cesse a pressão feita pelo aluno que já estava anteriormente sentado. Além disso, é preciso lembrar que o apoio deve ser mudado constantemente;
- prosseguir a atividade na posição sentada;
- decorridos alguns minutos, o professor deve solicitar que os alunos saiam da posição sentada e fiquem de pé, sem que o movimento pare.

Variação:
- essa atividade pode prosseguir, a partir da posição em pé, acrescentando-se deslocamentos pelo espaço. Neste caso, os deslocamentos seriam orientados no sentido contrário à pressão executada;
- uma outra possibilidade é a realização da atividade em grupos, reunindo, por exemplo, grupos com quatro pessoas. Todos do grupo exercerão pressão com as mãos e/ou com os pés em seus colegas do outro grupo. Ao sentir a pressão,

o aluno deve realizar força em sentido contrário, mas os componentes de cada grupo não poderão perder o contato entre si até o término da música.

Esclarecimentos:
- esta atividade permite aos alunos o aprimoramento da consciência do tônus e da percepção do uso do peso corporal, além do fator *espaço*, usado nos deslocamentos e nos níveis baixo, médio e alto. É, portanto, uma atividade híbrida, que utiliza os fatores de movimento, peso e espaço;
- em alguns casos, para que o aluno compreenda a dinâmica da atividade, é necessário que o professor demonstre.

Atividade 13
O guia

Esta atividade auxilia:
- no reconhecimento da cinesfera espacial – o espaço que o corpo ocupa;
- na percepção corporal.

Procedimento:
- os alunos devem ser distribuídos em duplas;
- um dos alunos será o orientador (guia) e o outro será o guiado;
- o aluno orientador deverá comandar o deslocamento do aluno guiado dizendo se este deve ficar parado, andar para frente, para trás, para o lado direito ou esquerdo;
- como todos os alunos farão o exercício ao mesmo tempo, o orientador deverá ter atenção ao conduzir o colega;
- após esse procedimento o aluno guiado deverá fechar os olhos e permitir que o orientador o guie por comando de voz;
- depois de ser guiado por comando de voz, este deve ser alterado para um comando de toque. Antes, porém, a dupla deve estabelecer um código comum, como, por exemplo: *toque no ombro* = virar para o lado do ombro tocado; *toque nas costas* = seguir para frente; *toque na testa* = seguir para trás;
- ao final da atividade, trocam-se os papéis: quem foi orientador passa a ser guiado.

Variação:
- o professor ou os alunos podem criar formas diferenciadas de comunicação (códigos), usando, por exemplo, palmas ou sons emitidos pelo aluno orientador.

Atividade 14
Juntos

Esta atividade auxilia:
- no reconhecimento do espaço;
- na exploração das composições corporais;
- na percepção do tempo musical;
- na integração do grupo.

Você vai precisar de:
- aparelho de som e alguns CDs.

Procedimento:
- o professor deve solicitar que os alunos caminhem pelo espaço acompanhando o ritmo de uma música. Sugerimos uma música popular brasileira, como um baião, xote, xaxado ou frevo;
- enquanto os alunos caminham, o professor explica que, quando ele mencionar um certo número, os alunos deverão se reunir em grupos do número correspondente. Por exemplo: se o professor disser o número seis, os alunos deverão se agrupar em seis pessoas. Quando estiverem reunidos deverão construir uma figura. O aluno que não conseguir se juntar, ou seja, aquele que ficar fora dos grupos, fará uma pose individual. Se mais de um aluno ficar fora dos grupos, estes deverão compor uma única forma;
- após a realização das formas, a atividade recomeça;
- o ritmo da música sempre deverá ser respeitado, mesmo quando os alunos forem se juntar para formar grupos.

Variação:
- inverter a atividade. Os alunos que se agrupam constroem uma forma, e os alunos que "sobram" constroem uma figura;
- podem-se utilizar outras maneiras de deslocamento pelo espaço (saltando, rolando, etc.)

Atividade 15
O código

Esta atividade auxilia:
- na exploração do corpo pelo espaço;
- na percepção de níveis, planos e direções;
- nos deslocamentos em tempo musical;
- na memória motora;
- nas formas básicas de locomoção.

Você vai precisar de:
- um aparelho de som e alguns CDs.

Procedimento:
- o professor solicita aos alunos que caminhem livremente pelo espaço, em todas as direções. Ele usa códigos para indicar as direções *frente*, *trás*, *laterais* e *diagonais*. Por exemplo: *para frente*, uma palma; *para trás*, duas palmas; para a *lateral direita*, bater o pé no chão uma vez; para *lateral esquerda*, bater o pé no chão duas vezes; para *diagonal esquerda anterior*, um estalar de dedos; para a *diagonal direita anterior*, dois estalares; para a *diagonal esquerda posterior*, um assobio; e para a *diagonal direita posterior*, dois assobios;
- esses comandos devem ser dados sempre pelo professor;
- os alunos, ao se deslocarem, deverão obedecer ao ritmo musical que estiver tocando. Sugerimos uma música africana.

Variação:
- combinar deslocamentos diagonais com deslocamentos para frente e para trás, e outras variações possíveis;
- utilizar comando de voz no lugar de códigos preestabelecidos.

Atividade 16
O soldadinho

Esta atividade auxilia:
- no reconhecimento do espaço;
- na percepção de níveis, planos e direções;
- nos deslocamentos em tempo musical;
- na memória motora;
- nas formas básicas de locomoção.

Você vai precisar de:
- cordas, um aparelho de som e alguns CDs.

Procedimento:
- o professor distribui os alunos em duplas. Um deles será o "soldadinho"; o outro será o comandante. Ele monta um circuito no qual haverá cordas estendidas no chão, em linha reta, em zigue-zague e em curvas;
- o comandante deverá orientar o soldado para que caminhe, marche, salte ou corra seguindo uma das trajetórias dispostas no chão. Esta orientação deverá ser feita com um desenho no ar a respeito da trajetória que o comandante quer que o soldado cumpra;
- depois de alguns minutos os obstáculos serão retirados, mas o exercício continuará;
- durante a atividade os alunos que eram soldados devem passar à posição de comandante e vice-versa;
- ao final da atividade o professor solicita que as duplas, não mais como soldado e comandante, explorem o espaço seguindo trajetórias retas, curvas ziguezagueantes, combinando-as.

Variação:
- essa atividade pode ser realizada com música para que os participantes consigam estabelecer relação do ritmo com as trajetórias trabalhadas.

Atividade 17
A caixa

Esta atividade auxilia:
- na compreensão da cinesfera espacial – espaço que o corpo ocupa;
- no exercício da imaginação e da criatividade.

Procedimento:
- essa atividade é feita individualmente e inicia-se com os alunos em pé;
- o professor deve solicitar que os alunos se imaginem dentro de uma grande caixa de papelão;
- em seguida, solicita aos alunos que explorem todas as paredes da caixa;
- após alguns minutos, o professor diminuirá o tamanho dessa caixa, pedindo que os alunos flexionem seus joelhos;
- essa diminuição da caixa ocorrerá constantemente até que o aluno chegue à posição sentada.

Variação:
- pode-se variar o objeto no qual o aluno se encontra. Pode ser, por exemplo, uma bola, (embaixo de) uma mesa, etc.

Atividade 18
Gira-gira

Esta atividade auxilia:

- no reconhecimento da cinesfera espacial;
- na percepção de níveis, planos e direções;
- na dinâmica do movimento: aceleração e desaceleração;
- na utilização dos movimentos, a fim de que se expresse comunicando e ampliando seu potencial criativo.

Você vai precisar de:

- cordas individuais, aparelho de som e alguns CDs.

Procedimento:

- os alunos iniciarão a atividade cada um com uma corda na mão. Ao som de uma música, os alunos devem movimentar a corda, segurando-a pela extremidade e procurando seguir o ritmo da música (o professor deverá variar a estimulação rítmica para possibilitar a aceleração e desaceleração na dinâmica dos movimentos). O movimento deverá ser feito com a mão direita e com a esquerda, alternadamente;
- os alunos devem repetir a atividade, segurando agora o meio da corda e procurando realizar com ela movimentos circulares, sem perder seu domínio.
- em seguida, podem estender a corda no chão e criar movimentos de saltos sobre ela, variando a forma (com um pé, com os pés unidos, alternando direita e esquerda, etc.);
- depois, deve-se repetir a atividade variando a forma da corda, ou seja, descrevendo um desenho diferente do anteriormente feito.

Variação:

- essa atividade pode ser feita individualmente, como foi sugerido acima, ou em grupos.

Esclarecimentos:

- quando realizada simultaneamente por mais de um aluno em uma única corda, permite a combinação de movimentos diversos, o que possibilita o desenvolvimento da criatividade e da troca de experiências entre eles. Portanto, essa atividade é considerada híbrida, uma vez que trabalha com tempo, espaço e criatividade.

2.3 Tempo:

- Reconhecimento do ritmo interno e externo;
- Dinâmica do movimento: aceleração e desaceleração;
- Tempo musical.

Atividade 19
Tum, tum, tá

Esta atividade auxilia:
- na percepção do tempo;
- nas dinâmicas de aceleração e desaceleração;
- no trabalho com direções de movimento variadas.

Você vai precisar de:
- um aparelho de som e alguns CDs.

Procedimento:
- os alunos devem estar distribuídos livremente pelo espaço. A partir de um estímulo musical, os alunos devem deslocar-se andando pelo espaço. Sugere-se uma música com percussão;
- será solicitado pelo professor que os alunos acompanhem a batida mais forte da música (acento). Esse acompanhamento será feito por meio de um passo a cada acento musical;
- depois, esse acompanhamento será feito por deslocamentos para frente e para trás, para as laterais, em diagonais e, finalmente, por combinações dessas direções. A música, neste caso, poderá ser alterada para estímulos mais lentos e mais rápidos, pois assim os alunos poderão se deslocar em "câmera lenta" e em velocidade crescente. Também pode ser solicitado que os deslocamentos sejam feitos por meio de saltinhos e saltos com apoio em um dos pés.

Variação:
- dependendo das habilidades dos alunos, é possível ainda solicitar que, ao realizar os deslocamentos, os braços se movimentem em direções variadas e opostas aos movimentos das pernas.

Esclarecimentos:
- essa atividade é híbrida, pois trabalha com os fatores de movimento, tempo e espaço no mesmo momento. No caso do espaço, os elementos podem ser variados, como andar, saltitar e saltar em deslocamentos feitos em linhas retas e curvas.

Atividade 20
Labirinto

Esta atividade auxilia:
- na percepção do ritmo respiratório e sua influência na dinâmica dos movimentos;
- na percepção corporal.

Você vai precisar de:
- um espaço amplo, livre de obstáculos;
- cones, bolas e cadeiras.

Procedimento:
- os alunos devem estar deitados no solo (decúbito dorsal). O professor orienta que percebam suas inspirações e expirações;
- após algumas respirações, os alunos devem procurar sentar-se inspirando e voltar a deitar expirando. Repetir o exercício invertendo, ou seja, expirar ao sentar-se e inspirar ao deitar novamente;
- repetir o exercício, mas desta vez iniciando na posição sentada e chegando à posição de pé (repetir quantas vezes achar necessário);
- de pé, inspirar lentamente elevando os braços acima da cabeça. Flexionar o tronco à frente expirando o ar. Inspirar novamente até voltar à posição ereta;
- caminhar pelo espaço executando uma expiração, em um passo, e uma inspiração no outro passo;
- repetir o exercício aumentando a quantidade de passos na expiração e na inspiração. Por exemplo: a cada quatro passos, inspira-se e, a cada quatro passos, expira-se;
- aumentar gradativamente o número de passos a cada inspiração e expiração;
- diminuir gradativamente o número de passos, até voltar a um passo para cada inspiração ou expiração;
- caminhar seguindo o ritmo respiratório individual;
- montar um labirinto com materiais diversos (cones, bolas, cadeiras ou outros materiais possíveis de serem utilizados). Percorrer o labirinto respirando normalmente;

- inspirar, prender o ar e procurar percorrer o labirinto desta forma;
- expirar, prender o ar e procurar percorrer o labirinto desta forma.

Variação:
- essas atividades podem ser feitas em grupo (em duplas, trios, quartetos), em que cada aluno deve ajustar o seu ritmo respiratório aos demais componentes. Vale para isso colocar as mãos nas costas do colega para sentir-lhe a respiração.

Atividade 21
A pose

Esta atividade auxilia:
- na percepção auditiva;
- no desenvolvimento de atenção e memória.

Você vai precisar de:
- um aparelho de som e alguns CDs.

Procedimento:
- os alunos devem ocupar os espaços da sala de maneira que possam executar os movimentos livremente, sem esbarrar em seus colegas;
- o professor inicia a atividade com uma música de ritmo lento e solicita que os alunos se movimentem pelo espaço. Quando a música for interrompida (e isso acontecerá várias vezes), os alunos devem parar onde estão e realizar uma "pose";

- deve-se repetir a atividade, entretanto o professor dará um comando de voz dizendo de que forma os alunos deverão executar a "pose". Por exemplo: se o professor falar "em pé", os alunos executarão uma pose de pé; se o professor disser "sentados", os alunos executarão uma pose sentados; se "deitados", os alunos executarão uma pose deitados;
- realizar a mesma experimentação alterando ou combinando comandos, ou seja, o professor pode comandar dizendo "na ponta dos pés", "sobre os calcanhares", "de joelhos", etc. Pode-se também combinar comandos, como por exemplo: em pé e em duplas, em trios com os joelhos encostados nos joelhos dos colegas, deitados encostando a cabeça na barriga do colega.

Variação:
- essa atividade pode ser feita substituindo o comando de voz por palmas. Antes, porém, deve ser estabelecido um código correspondente ao número de palmas. Por exemplo: *uma palma* representa 'realizar uma pose na posição sentada'; *duas palmas* representam 'realizar uma pose na posição em pé', *três palmas* representam 'realizar uma pose na posição deitada'.

Esclarecimentos:
- durante a atividade, os ritmos musicais devem ser alterados, partindo de ritmos lentos até ritmos mais acelerados e voltando, ao final da atividade, a ritmos mais amenos;
- essa atividade também exercita o uso do espaço, pois os alunos são estimulados a usarem os níveis baixo, médio e alto.

Atividade 22
Flash

Esta atividade auxilia:
- na percepção corporal;
- no desenvolvimento da orientação espaço-temporal.

Você vai precisar de:
- um aparelho de som e alguns CDs.

Procedimento:
- os alunos devem ocupar os espaços da sala de maneira que possam executar os movimentos livremente, sem esbarrar em seus colegas;
- inicia-se a atividade ao som de uma música com acentos marcados e o professor solicita que os alunos caminhem procurando acompanhar a marcação do ritmo dessa música;
- em um determinado momento o professor dará um comando dizendo a palavra "flash". Os alunos devem parar os movimentos (imitação de uma estátua);
- os alunos tornarão a movimentar-se quando o professor disser a palavra "ação";
- essa experimentação será repetida algumas vezes;
- o professor, então, pode dizer a palavra "flash" nas acentuações mais fortes da música que está sendo tocada e permitir o retorno ao movimento com a palavra "ação", alguns segundos após, também na acentuação forte da música. Pode-se iniciar essa atividade permitindo que os alunos fiquem imóveis durante, mais ou menos, 5 segundos e, em movimento, durante aproximadamente 15 segundos;
- gradativamente diminuir o tempo destinado ao movimento, mantendo os 5 segundos de imobilidade.

Variação:
- dependendo do envolvimento e da faixa etária dos alunos, o professor pode solicitar que eles explorem os movimentos utilizando sua criatividade, abaixando, levantando, rolando, etc.

Esclarecimentos:
- esse exercício aprimora dois fatores do movimento: o tempo e o espaço.

Atividade 23
O toque do pandeiro

Esta atividade auxilia:
- no desenvolvimento da noção rítmica;
- na percepção do espaço que o corpo ocupa;
- na percepção de níveis, planos e direções;
- nas formas básicas de locomoção.

Você vai precisar de:
- instrumento de percussão (pandeiro).

Procedimento:
- os alunos devem estar dispostos livremente pelo espaço;
- o professor deve iniciar uma sequência rítmica no pandeiro, variando constantemente entre batidas rápidas, moderadas e lentas. Os alunos, por sua vez, devem deslocar-se andando, obedecendo a esse estímulo rítmico;
- o professor pode interromper o toque no pandeiro e realizar pausas, pois isso desenvolve a atenção dos alunos ao ritmo. Nessas pausas, o aluno deve ficar imóvel;
- depois de alguns minutos, o professor, sem interromper o toque no pandeiro, deve solicitar que se desloquem saltando, girando, chutando, abaixando e levantando, etc.

Variação:
- essa atividade pode ser feita em grupos de dois ou mais alunos, de forma que um aluno siga o ritmo e o movimento dos outros alunos que fazem parte do grupo;
- pode-se acrescentar também movimentos de braços, cabeça, quadril e outras partes corporais nos movimentos realizados;
- também é possível substituir o pandeiro por outro instrumento de percussão ou por estímulos musicais. Nesse caso, o professor pode preparar uma sequência musical com antecedência, variando os ritmos utilizados.

Esclarecimentos:
- além da percepção do tempo musical, os alunos se apropriam do espaço ao deslocar-se de formas variadas, ou seja, em várias direções e níveis distintos.

Atividade 24
Não vale dar nó

Esta atividade auxilia:
- no desenvolvimento de dinâmicas (Lento e Rápido);
- na percepção do tempo musical.

Você vai precisar de:
- aparelho de som e alguns CDs.

Procedimento:
- o professor deve solicitar que os alunos andem pelo espaço da sala;
- quando os alunos iniciarem a caminhada, o professor pedirá que os alunos orientem seus passos de acordo com a batida de suas palmas. Essas palmas terão variação (lentas e rápidas) e também combinações;
- ao mesmo tempo, o professor utilizará a pronúncia dos números 1 e 2, que corresponderão à movimentação dos braços para frente e para trás, para os lados, para cima e para baixo, ou outras combinações possíveis;
- a estimulação para a variação do ritmo de caminhada deve ser simultânea à variação do ritmo dos braços.

Variação:
- após esses procedimentos, a atividade pode ser feita com músicas diversas.

Atividade 25
Desafio

Esta atividade auxilia:
- na percepção rítmica;
- na memória motora.

Você vai precisar de:
- bastões, vassouras e bolas.

Procedimento:
- o professor dispõe os alunos em um círculo. Realiza uma frase rítmica batendo palmas (Por exemplo: bate palma três vezes e faz uma pausa). Os alunos deverão repetir a frase após o professor encerrá-la;
- à medida que os alunos executam a frase, o professor deve aumentar a dificuldade da frase (exemplo: três palmas rápidas, uma pausa, duas lentas e quatro rápidas);
- depois de alguns minutos o professor procura envolver outras partes corporais que podem produzir som (bater os pés no chão, bater as mãos no corpo e no chão, produzir som com a boca, etc);
- essas frases devem, aos poucos, envolver movimentos corporais que exijam deslocamentos;
- após esse procedimento, os alunos devem ser distribuídos em dois grupos. Cada grupo deverá elaborar uma frase rítmica e apresentar para que o outro grupo realize (desafio). Quando um grupo conseguir reproduzir a frase rítmica do outro grupo, os dois grupos deverão elaborar nova frase.

Variação:
- essa atividade pode ser feita com bastões, vassouras, bolas e outros materiais que produzam som.

2.4 Noções de fluência:
- Percepção do fluxo do movimento;
- Equilíbrio;
- Localização do centro de gravidade;
- Equilíbrio estável e instável.

Atividade 26
A garça

Esta atividade auxilia:
- no desenvolvimento do equilíbrio;
- no controle tônico;
- na percepção do corpo no espaço.

Você vai precisar de:
- um aparelho de som e alguns CDs.

Procedimento:
- os alunos devem estar dispersos pelo espaço da sala.
- iniciar a atividade em pé, em posição anatômica. Os alunos devem aquecer as articulações do corpo com movimentos circulares, alternando-se a lateral do corpo;
- esse exercício deve iniciar-se pelos pés e percorrer o corpo todo, sempre respeitando o ritmo do estímulo sonoro;
- após esse trabalho, o aluno deve elevar o pé esquerdo próximo ao joelho direito e permanecer nessa posição por alguns segundos.
- com a perna ainda em elevação, experimentar colocá-la à frente, depois para trás e para os lados;
- procurar tocar o solo com a mão, conservando a posição de elevação da perna;
- segurar o pé da perna que essá em elevação, tanto à frente quanto atrás;
- após realizar esses movimentos, procurar executar deslocamentos ainda apoiados em um pé só (saltando ou movimentando o pé lateralmente);
- realizar o mesmo tipo de equilíbrio em contato com outros alunos, ou seja, apoiar as mãos no ombro do colega e tentar realizar posições diversas com a perna em elevação;
- a atividade deve ser feita sem que o pé retorne ao solo, até o final de todas as propostas. Esses procedimentos deverão ser realizados com a perna esquerda em elevação e depois com a perna direita.

Variação:
- dependendo das habilidades dos alunos podem ser exigidos movimentos com um grau de complexidade maior, como, por exemplo, realizar os movimentos com os joelhos semiflexionados.

Esclarecimentos:
- essa atividade possibilita a compreensão de dois ou mais elementos presentes nos fatores do movimento, como: o equilíbrio (presente nas noções de fluência) e o deslocamento (presente no uso do espaço).

Atividade 27
Cai, cai, balão

Esta atividade auxilia:
- no desenvolvimento das noções de fluência;
- na percepção do fluxo do movimento;
- no envolvimento postural;
- no reconhecimento da cinesfera espacial.

Você vai precisar de:
- bexigas (balões de festa);
- um aparelho de som e alguns CDs.

Procedimento:
- o professor distribui balões (bexigas) aos alunos; a seguir, pede que os encham e que ocupem um espaço que permita amplos movimentos. Em seguida, solicita que se coloquem deitados em decúbito dorsal;
- orienta os alunos a deslizarem o balão pelo corpo, utilizando-se dos movimentos das pernas e dos braços, sem que prendam (segurem) o balão;

- posteriormente, sem deixar o balão cair no chão, os alunos devem encaminhar-se para a posição sentada. Nessa posição, devem procurar fazer que o balão percorra as pernas. Isto deve ser feito somente com o movimento das pernas e do quadril, sem auxílio das mãos;
- repetir a atividade elevando uma das pernas e fazendo que o balão percorra uma perna de cada vez;
- realizar o mesmo procedimento utilizando os braços, mas sem prender o balão com as mãos;
- gradualmente, os alunos devem passar da posição sentada para a posição ajoelhada e depois em pé;
- repetir o mesmo procedimento de controle do balão (sem que o balão se distancie do corpo). Primeiro com o pé e com as pernas, e depois com os braços.

Variação:
- a atividade deve prosseguir acrescentando-se o deslocamento pelo espaço. Após alguns segundos os alunos devem passar seu balão a outro colega e assumir o controle do balão deste;
- experimentar o equilíbrio do balão com outras partes do corpo (pescoço, costas, etc.).

Esclarecimentos:
- sugere-se o uso de uma música com melodia suave, como, por exemplo, uma música erudita e melódica;
- essa atividade costuma ser prazerosa aos alunos, pois parte de uma brincadeira com as bexigas.

Atividade 28
O apoio

Esta atividade auxilia:
- na percepção do fluxo do movimento;
- no desenvolvimento do equilíbrio;
- na localização do centro de gravidade;
- na percepção do equilíbrio estável e instável.

Você vai precisar de:
- um aparelho de som e alguns CDs.

Procedimento:
- o professor solicita aos alunos que deitem no solo em decúbito dorsal e que voltem sua atenção para os pontos do corpo que estão apoiados no chão;
- após esse procedimento, o professor pede que façam o apoio somente com uma parte do corpo, ou seja, um só apoio no solo. Nessa atividade, normalmente a região apoiada é a pélvica (ísquios);
- em seguida o professor pede aos alunos que, após a realização do apoio, descansem o corpo (descontraiam);
- o professor solicita que façam o mesmo movimento com dois apoios, com três, com quatro, até o máximo de apoios possível. Sugere-se a utilização de músicas com melodias suaves.

Variação:
- essa atividade pode ser repetida pedindo aos alunos que passem para a posição sentada, para a posição de joelhos, para a posição em pé.

Esclarecimentos:
- nessa atividade os alunos experimentam maneiras diferenciadas de controlar seu tônus e, com isso, podem perceber que existe um fluxo que impulsiona seu movimento.

Atividade 29
João Bobo

Esta atividade auxilia:
- no desenvolvimento do equilíbrio;
- na localização do centro de gravidade;
- na percepção do equilíbrio estável e instável;
- na integração do grupo.

Você vai precisar de:
- um aparelho de som e alguns CDs.

Procedimento:
- o professor distribui os alunos em grupos de cinco, em pé, formando um círculo, ao centro do qual estará um dos integrantes;
- o aluno que estiver no centro deve cruzar os braços à frente de seu corpo e permanecer contraído, ou seja, suas articulações não devem se movimentar. Esse aluno deve deslocar seu peso para frente sem tirar os pés do lugar em que está;
- o aluno que estiver a sua frente deve segurá-lo com as mãos e empurrá-lo para os lados ou para a sua frente. Da mesma forma, os colegas que estiverem ao redor desse aluno que está no centro devem apoiá-lo e empurrá-lo, de maneira que esse aluno central não tenha domínio sobre seu equilíbrio.
- essa atividade deve ser feita inicialmente de olhos abertos e, depois, com olhos fechados;
- após alguns minutos deve-se substituir o aluno que está no centro. Todos os alunos devem passar pela posição do centro.

Variação:
- o professor pode colocar um estímulo musical que orientará a velocidade de execução da atividade.

Atividade 30
A onda

Esta atividade auxilia:
- no desenvolvimento da fluência;
- na percepção do fluxo do movimento;
- na localização das partes do corpo.

Você vai precisar de:
- um aparelho de som e alguns CDs.

Procedimento:
- o professor distribui os alunos em duplas, em pé, frente a frente;
- a atividade inicia-se com um dos alunos tocando a ponta do dedo em uma parte do corpo de seu colega. Ao receber o toque, o aluno se movimenta deste ponto para o resto do corpo, como se fosse uma pedra caindo em um lago, ou seja, o toque deve propagar uma onda de movimento que parta do local de origem para percorrer o corpo todo;
- depois que o efeito do toque cessar, o aluno que foi tocado deve tocar o seu colega para que este possa experimentar a movimentação.

Variação:
- essa atividade pode ser feita em grupo, em um círculo, para que o aluno toque e seja tocado sucessivamente pelos seus colegas.

Esclarecimentos:
- essa experimentação permite a observação do fluxo do movimento no corpo do aluno e no de seus colegas. Portanto, também exercita a apreciação estética. Sugere-se o uso de música, como, por exemplo, uma valsa ou uma cantiga.

Atividade 31
A pena

Esta atividade auxilia:
- na percepção do fluxo do movimento;
- na realização de movimentos gestuais;
- na improvisação com o objetivo de despertar a criatividade.

Você vai precisar de:
- um aparelho de som e alguns CDs.

Procedimento:
- os alunos devem estar dispostos livremente no espaço. O professor deve pedir que imaginem uma pena nas mãos. Os alunos devem explorar as diversas formas pelas quais esta pena pode ser manuseada, isto é, eles podem largar a pena imaginária no ar e acompanhá-la até próximo ao chão, sem, contudo, deixá-la cair.
- o professor deve reunir os alunos em duplas. Um aluno de cada vez deverá passar a sua pena ao outro colega, que deve dominá-la, manuseá-la de diversas formas e repassá-la novamente. Sugere-se o uso de uma música suave que possibilite o acompanhamento por meio de movimentos lentos e contínuos.

3. COMUNICAÇÃO E EXPRESSIVIDADE:

- Atividades que estimulem no aluno a utilização dos movimentos, a fim de que se expresse comunicando e ampliando seu potencial criativo;
- A improvisação com o objetivo de despertar a criatividade.

Atividade 32
Roda das apresentações

Esta atividade auxilia:
- na comunicação e na expressividade;
- no desenvolvimento de atenção e memória motora.

Você vai precisar de:
- um aparelho de som e alguns CDs.

Procedimento:
- os alunos devem ser dispostos em um círculo;
- inicialmente cada aluno fará sua apresentação pessoal dizendo o nome;
- após todos se terem apresentado nominalmente, o professor deve solicitar novas rodadas com formas diferenciadas de apresentação, ou seja, os alunos deverão se apresentar: cantarolando, fazendo gestos e realizando movimentos diversificados no centro da roda;
- após a realização das apresentações, com essa dinâmica de gestos e movimentos, o professor pode solicitar que cada um se apresente com outro gesto. Os demais deverão repetir o gesto e o nome da pessoa que se apresenta.

Variação:
- essas apresentações podem ser feitas direcionando-se a parte do corpo que deve fazer a apresentação, como, por exemplo, solicitar que o aluno se apresente mexendo a cabeça, os braços, os ombros, etc.;
- uma outra possibilidade é acrescentar a essa apresentação um fundo musical, ao som do qual o aluno deverá executar sua apresentação, movimentando-se.

Atividade 33
A apresentação das caretas

Esta atividade auxilia:
- na comunicação e na expressividade;
- no desenvolvimento da memória corporal;
- na exploração da criatividade;
- na percepção de níveis de envolvimento corporal – movimentos gestuais;
- no domínio dos movimentos corporais.

Procedimento:
- os alunos devem estar em pé, dispostos em círculo;
- cada aluno, em sua vez, apresenta uma careta ao seu colega do lado. Este deve imitar a careta, virar-se para o colega do outro lado e transformá-la, criando uma outra;
- quando todos já tiverem executado a sua careta, repete-se a mesma atividade acrescentando poses e utilizando partes corporais, ou seja, ao realizar a careta o aluno deve realizar também uma pose com o corpo;
- aos poucos, nessa expressividade, o aluno deve construir um "monstro".

Esclarecimentos:
- essa atividade possibilita a livre expressão por meio da improvisação de movimentos. É necessário também o domínio dos movimentos faciais (gestuais) e a memória motora, pois os alunos precisam memorizar a careta antes de transformá-la em outra.

Atividade 34
Os monstros

Esta atividade auxilia:
- na comunicação e na expressividade;
- no desenvolvimento da memória corporal;
- na exploração da criatividade;
- na percepção dos níveis de envolvimento corporal – movimentos gestuais e posturais;
- no domínio dos movimentos corporais.

Procedimento:
- da mesma forma que na atividade da apresentação das caretas (ver atividade 33), os alunos apresentam seu "monstro" ao colega do lado, que deve imitar o "monstro", transformá-lo e apresentar um outro "monstro" ao colega do outro lado. Assim sucessivamente, todos deverão realizar a apresentação dos "monstros";
- depois, os alunos devem escolher um dos "monstros" apresentados. Cada aluno poderá escolher o seu próprio ou um que ele tenha visto durante a execução do exercício. No processo de escolha, deve-se dar nome ao seu "monstro", criar uma forma de linguagem utilizada por ele e iniciar um deslocamento pelo espaço ocupado para o exercício;
- ao encontrar um colega, devem procurar um diálogo utilizando a linguagem criada para, assim, apresentar o seu monstro.

Esclarecimentos:
- essa atividade estimula a fala corporal. Ao estabelecer um diálogo do seu "monstro" com o do colega, o aluno poderá criar uma maneira própria de se comunicar corporalmente por meio de gestos inusitados, sons diferenciados, formas corporais (movimentos posturais) e o que mais ele achar necessário para a sua comunicação não verbal.

Atividade 35
A correspondência

Esta atividade auxilia:
- na comunicação e na expressividade;
- na percepção de níveis, deslocamentos e direções;
- na exploração da criatividade.

Você vai precisar de:
- aparelho de som e alguns CDs.

Procedimento:
- a partir da posição deitada, o professor solicita aos alunos que se desloquem o mais próximos do chão possível. Quando um aluno se encontrar com outro, ambos deverão iniciar movimentações com os braços e com as pernas, de maneira que haja uma interação entre os dois. Os movimentos não precisam ser os mesmos, mas terá de haver uma correspondência de movimentação;
- a um sinal dado pelo professor, os alunos devem passar à posição sentada, trocar de parceria e novamente sincronizar seus movimentos com os do colega;
- a um outro sinal, os alunos devem variar da posição sentada para a deitada (constantemente utilizando tanto o decúbito dorsal quanto o ventral), procurar nova parceria e novamente estabelecer uma reciprocidade de movimentos;
- a atividade continua, passando pela posição agachada e pela posição em pé e, posteriormente, chegando a pequenos saltos;
- o acompanhamento musical é constante e deve-se propor variações rítmicas para que se tenha mudança de velocidade na execução.

Variação:
- pode-se focar somente um nível a ser trabalhado, para que o aluno explore com maior intensidade aquela posição;
- a interação dos participantes pode ser feita não só em duplas, mas também em grupos maiores.

Esclarecimentos:
- essa atividade proporciona a junção de dois temas: a comunicação e expressividade por meio da criatividade, na medida em que os alunos se correspondem, e o uso do espaço na composição e nos deslocamentos.

Atividade 36
Por dentro e por fora

Esta atividade auxilia:
- na comunicação e na expressividade;
- no desenvolvimento da consciência corporal;
- na exploração da criatividade.

Você vai precisar de:
- aparelho de som e alguns CDs.

Procedimento:
- os alunos serão distribuídos em trios. Um dos alunos realiza uma posição corporal possível de ser explorada pelos outros dois do grupo. Essa exploração poderá ocorrer tanto no nível baixo como no médio, de acordo com a posição executada. O aluno que faz a posição deverá alterá-la constantemente;
- a atividade tem prosseguimento com a mudança do aluno, que realiza a posição corporal, por outro aluno. Essa mudança pode ser feita constantemente;
- o estímulo musical pode orientar a velocidade e a variação de execução dos movimentos.

Atividade 37
Vontade própria

Esta atividade auxilia:
- na improvisação com o objetivo de despertar a criatividade;
- na comunicação e na expressividade;
- no domínio dos movimentos corporais;
- na integração do grupo.

Você vai precisar de:
- aparelho de som e alguns CDs.

Procedimento:
- o professor inicia a atividade colocando uma música e solicitando aos alunos que elejam uma parte de seu corpo. Essa parte ganha "vontade própria", ou seja, inicia movimentos acompanhando o ritmo da música;
- o professor solicita que os alunos elejam outras partes do corpo e assim explorem as diversas possibilidades de movimento com cada uma delas.

Variação:
- uma outra possibilidade é a interação entre os alunos. Um aluno procura outro companheiro e realiza movimentos combinados e de troca de partes do corpo para que essas partes se comuniquem.

Bibliografia

ALEXANDER, Gerda. *Eutonia*: um caminho para a percepção corporal. São Paulo. Editora Martins Fontes, 1991.

BRASIL. Secretaria da Educação Fundamental. *Parâmetros curriculares nacionais*: Educação Física/ Secretaria de Educação Fundamental. Brasília: MEC/SEF, 1998.

BRASIL. Secretaria da Educação Fundamental. *Parâmetros curriculares nacionais*: Educação Física/Secretaria de Educação Fundamental. 2ª edição. Brasília: MEC/SEF, 2000.

DANTAS, Heloysa. Do ato motor ao ato mental: a gênese da inteligência segundo Wallon. In: La Taille, Yves de et al. Piaget, Vygotsky, Wallon: *Teorias psicogenéticas em discussão*. São Paulo. Summus, 1992.

GODOY, Kathya Maria Ayres. *Dança no 3º Grau*: o desenvolvimento da auto-expressão criativa. São Paulo. PUC-SP. Dissertação de Mestrado, 1995.

_____. *Dançando na escola*: o movimento da formação do professor de arte. PUC-SP. Tese de Doutorado, 2003.

_____. O espaço da dança na escola. In: KERR, Dorotéa Machado (org.). *Pedagogia Cidadã*: Caderno de formação: artes. São Paulo. Páginas & Letras Editora e Gráfica, Unesp. Pró-Reitoria de Graduação, 2007.

LABAN, Rudolf. *Domínio do movimento*. São Paulo. Summus, 1978.

_____. *Dança educativa moderna*. São Paulo. Ed. Ícone, 1990.

MARQUES, Isabel A. *Ensino de Dança Hoje, textos e contextos*. São Paulo. Cortez, 1999.

MARTINS, Mirian Celeste Ferreira Dias; PICOSQUE, Gisa; GUERRA, Maria Terezinha Telles. *Didática do ensino de arte*: a língua do mundo: poetizar, fruir e conhecer arte. São Paulo. FTD, 1998.

WALLON, Henri. *A evolução psicológica da criança*. Tradução de Ana Maria Bessa. Lisboa. Edições 70, 1968.

_____. *Objetivos e métodos da psicologia*. Tradução de Franco de Sousa. Lisboa. Editorial Estampa, 1975.

_____. A formação psicológica dos professores. In: *Psicologia e educação da infância*. Lisboa. Editorial Estampa, 1975a.

_____. Cinestesia e imagem visual do próprio corpo da criança. In: *Psicologia e educação da infância*. Lisboa. Editorial Estampa, 1975.

Ivo Ribeiro de Sá

É graduado em Educação Física pela Faculdade de Educação Física de Santo André – Fefisa, e mestre em Educação: Psicologia da Educação, pela Pontifícia Universidade Católica de São Paulo – PUC/SP. Atualmente leciona na Universidade Municipal de São Caetano do Sul – USCS, no curso de Educação Física, as disciplinas "Prática de Ensino" e "Manifestações Culturais Rítmicas" e, na Pontifícia Universidade Católica – PUC/SP, nos cursos de Pedagogia e História, as disciplinas "Jogos e Brincadeiras na Educação Infantil" e "Fundamentos da Educação".

Ministra aulas de pós-graduação (*lato sensu*) no curso "A Educação Física nos anos iniciais do ensino fundamental", subordinado à Coordenadoria Geral de Especialização, Aperfeiçoamento e Extensão da PUC. Atuou também como professor orientador do PEC – Programa de Educação Continuada, vinculado à rede municipal de ensino (2006-2008) e voltado à formação continuada de professores da educação básica.

Kathya Maria Ayres de Godoy

É bailarina e coreógrafa formada pela Escola Municipal de Bailados e Royal Academy of London. É graduada em Educação Física pela Organização Santamarense de Educação e Cultura – Osec, instituição pela qual também é pós-graduada em Ginástica e Dança. É mestre e doutora em Educação: Psicologia da Educação pela Pontifícia Universidade Católica de São Paulo – PUC/SP.

Atuou no Corpo de Baile do Teatro Municipal de São Paulo e, atualmente, leciona no Instituto de Artes da Universidade Estadual Paulista – Unesp, no Programa de Mestrado em Artes, no Curso de Licenciatura em Artes Cênicas e no Bacharelado em Artes Visuais. No mestrado, ministra a disciplina "Dança: visualidade e corporeidade"; é líder do "Grupo de pesquisa Dança: Estética e Educação"; desenvolve a pesquisa "Dança: a visualidade do movimento expressivo", em uma abordagem educacional e estética. Na graduação, leciona as disciplinas "Corpo, Expressão e Criatividade", "Técnicas de Teatro e Dança", "Expressão Corporal" e "Prática de Ensino". Além disso, é também coordenadora do Curso de Licenciatura em Artes Cênicas do Instituto de Artes da Unesp.

Está à frente da coordenação e direção artística do "Projeto de Extensão IAdança – Grupo de dança do Instituto de Artes da Unesp", para o qual também coreografa. Coordenou o "Projeto Dançando na Escola", que se vincula à linha de pesquisa de formação de professores. Nessa mesma linha, atua no "Projeto Pedagogia Cidadã", como professora orientadora. Tem atuado na capacitação de professores com o "Projeto Teia do Saber" e com "Assessoria para os professores da rede municipal de Jundiaí", trabalhos para os quais produziu materiais pedagógicos. Dirigiu o En-Cenna (1991-2001), Grupo de Dança do Teatro da Universidade Católica de São Paulo – Tuca.

Para conhecer outros títulos da Coleção *Oficinas Aprender Fazendo*
e outras publicações da editora visite o site:

www.cortezeditora.com.br